Linda Entz

sie lassen heimlich ihre Türen offen

Die Autorin

Linda Entz, Jahrgang 1976. "Utopia"-Literaturpreis des Börsenvereins des deutschen Buchhandels und der Aktion Mensch 2007, Uslarer Literaturpreis 2008. Mit Prosa und Lyrik vertreten in Literaturzeitschriften und Anthologien. Diverse Lyrik-Preise (u.a. für das in diesem Band vertretene Gedicht "Nachtzug", das von Silke Scheuermann beim Wettbewerb "Lyrikfenster" Braunschweig gekürt wurde). Weitere Veröffentlichungen: "Verwandlungen", Erzählungen mit eigenen Illustrationen, fhl-Verlag Leipzig 2010; "Wie der Profit zum Berg kam", Komödie, cantus Theaterverlag 2013.

Der vorliegende Gedichtband wurde ermöglicht durch den Schreibwettbewerb 2016 des BUCHJOURNAL.

Linda Entz lebt als selbständige Fliesenlegermeisterin in Niedersachsen.

Zu den Abbildungen:

Titelbild, Abb. Seite 14 und 44 von http://totallyfreeimages.com *(In the gondola; Mildred Benjamin, 17 years old).*
Abb. S. 30 von Robin Chen; *Abb. S. 38: Urheber unbekannt;*
Abb. Seite 66 von Max Ronnersjö (Eigenes Werk) [CC BY-SA 3.0 (http://creativecommons.org/licenses/by-sa/3.0)], in s/w bearbeitet; *Abb. Seite 84 Rijksdienst voor het Cultureel Erfgoed [CC BY-SA 4.0 (http://creativecommons.org/licenses/by-sa/4.0)];* Abb. Seite 96 von Evert F. Baumgardner [Public domain]; *Abb. Seite 120 von Wilhelm Kuhnert published by Julien Salmon (1844-1921) (Les oiseaux) [Public domain],* alle via Wikimedia Commons.

Linda Entz

sie lassen heimlich ihre Türen offen

Gedichte

Bibliografische Information der Deutschen Nationalbibliothek: Die Deutsche Nationalbibliothek verzeichnet diese Publikation in der Deutschen Nationalbibliografie; detaillierte bibliografische Daten sind im Internet über http://dnb.dnb.de abrufbar.

© Linda Entz

Herstellung und Verlag:

BoD - Books on Demand, Norderstedt

ISBN: 9783741282218

Für meine Eltern, dank denen ich inmitten von Büchern aufwuchs; für meinen Großonkel Otto Entz, der Gedichte liebte.

I. elementar

Wasser

TAUCHGANG

Mond und Sonne spiegelten
sich täglich in den Wassern:
im Tau, in Regenpfützen und
auch in den größern, nassern.

Da kam es einmal über sie,
das Meerblau zu erkunden -
es machte *Flump!* und *Plotsch!* und *Zisch!*,
schon waren sie verschwunden

(was prompt die Nacht und auch den Tag
in Dämmerung verkehrte).
Der Mond traf einen Kugelfisch,
der ihn als Ahn verehrte,

die Sonne fuhr am Meeresgrund
von Seepferdchen gezogen:
ihr Wagen war ein altes Boot
geschmückt mit Tang und Rogen.

Jedoch: Das Wasser wurde heiß
und roch nach Bouillabaisse,
und auch dem Mann im Mond entfuhr:
"Das ist zuviel der Nässe!"

Sein Hausrat schwamm ihm schon davon
durch alle offnen Krater.
Da sprach der Mond: "Ich tauche auf."
Und genau das tat er.

Die Sonne folgte gleich ihm nach:
"Es ist genug gebadet."
Ein Seestern flog ihr hinterdrein,
erhitzt - doch unbeschadet;

er leuchtet jetzt im *Wassermann*,
der schönen Sonne wegen,
die, wie der Mond, von Wasser troff:
es gab drei Tage Regen.

(Bouillabaisse: provenzalisches Fischgericht)

SERENISSIMA

auch das ist Venedig:
der Reisende, der den Gondoliere anherrscht
er solle das Pfeifen einstellen
die Mitreisende habe Migräne
und diese Ehe sei sowieso nicht mehr
zu retten

WASSERSINFONIE

mit einem Freund im Regen stehn:
sich einig schweigend auszutauschen,
dem ewiggleichen Rauschen lauschen
im tausendfachen Niedergehn

nichts ist so kostbar und so schön
wie: alles schon gesagt zu haben
in sommergrünen Wasserfarben
mit einem Freund im Regen stehn

(zu einem Bild - Nilpferd & Putzervogel- von Quint Buchholz)

Beklage nicht das Rund,   wo keine Wellen schlagen,
das dich gefangen hält,   wo Ebbe nicht und Flut
verfluche nicht   (**F I S C H**)<<   dich durch dein
die Hand,_____ _ _ Leben jagen:
   die dich dorthin gestellt,   Das, was du hast, ist gut.

Zieh weiter deine Kreise
im sichren Goldfischglas;
schwimm nur!: Deine Reise hat bloß ein andres Maß.

ÜBERFAHRT

gespannte Sehne: Meer

Schiff noch im Hafen
Pfeil nicht verschossen

und Möwen jagen dahin
unter dem blauen Uhrglas der Welt

da!: die Sehne schnellt
das Schiff, einen Pfeil!

in die Freiheit

DIE EROBERUNG

Aquarellhimmel farbverlaufen
regendurchtränkt
kein Schiff
unter der Horizontlinie
das Blaugrün, Schaumweiß:
fordernd
schlanke Finger
kräftige Arme
greifen nach Land, der
spröden Geliebten
noch steht sie aufrecht
deichbewehrt
auf der Stirn den Regenkuss -
still zerfließt die liebkoste
Unnahbarkeit, erweicht
in Sturmnacht
Windschreie, schwarzverhüllt
treiben ans Ufer Strandgut
einer Hingabe

INS WASSER

Veilchen, Veilchen winzig klein
du passt in keine Vase
drum stell ich dich ins Schnapsglas rein
du blühst auch hübsch im Glase

und Veilchen schau:
was bist du blau!

FLASCHENPOST

Hochverehrte Majestät!

Ich habe Grund zum Klagen.
Dass es so nicht weitergeht,
muss ich Euch leider sagen.
Es geht um Euren Untertan:
er nennt sich Robinson
und kam mit einem großen Kahn,
der sank. Er kam davon
und geht mir, wo er kann,
entsetzlich auf die Nerven.
Am liebsten würd ich diesen Mann
gleich zu den Fischen werfen.
Ich bitte, holt ihn Euch zurück!
- Dies schrieb an einem Maitag
im Vertrauen auf sein Glück
Euer ergebner

Freitag

VON FISCHEN UND MENSCHEN

Wenn sie sich in der Sonne *aalen*,
ins Wasser *hechten*, lauthals *stören*,
zeigen Menschen ihre Sehnsucht
danach, wo sie hingehören:

aus jenem Element gekrochen,
das überwiegend flüssig ist -
der Kiemen- ward zum Lungenatmer,
der seine Herkunft nicht vergisst.

Und sie aalen, stören, hechten,
tun es jenen Fischen gleich,
und selbst die barschen Typen ahmen
Fische nach aus Neptuns Reich.

Jedoch nur manche, was mich wundert;
ja, es lohnt sich zu erforschen,
ob man auch heringt. Oder flundert.
Und ob es sich nicht schickt, zu dorschen -

Da wird es Zeit, sich einzumischen:

zuviel bleibt ohne Namen.

Ich selbst würd gerne tintenfischen:

Also schreiben - mit acht Armen!

writing under water

words floating by
like strange fish
one devouring another
still swimming on and on
in this darkness

thoughts- sunken ships
on the ground
never entering port
still travelling on and on
in this deep blue

of my mind and heart

Erde

DANZIG
meinem Großvater

schwarzer schwerer Boden
fruchtbares Land
darauf spielten die Kinder
darin versanken die Toten
der Deichbauer, Grabenzieher

nun wohnen andere im Dorf
liegen in den Gräbern
Geschichte und Sprache
untergepflügt mit Scheune und Haus
am Feldrand noch immer
wurzeln die Weiden

(2002)

PARADE

(Herrenhäuser Gärten)

links eine Reihe

rechts eine Reihe

Spalier

Achtung, Setzling:

Stillgestanden!

GOETHE IM GARTENHAUS

Das also ist des Pudels Kern!
Na, das sind ja Faxen.
Ich pflanz ihn ein; im Frühling wird
ein Pudelbäumchen wachsen.

XIAN

exemplarisch: Herrschergewalt
auf tönernen Füßen

INNEHALTEN
gestern Abend um halb sieben
ist meine Sanduhr stehn
geblieben
"Weil der
Sand
grobkörnig ist!"
vermutet da der Realist -
ich dagegen, weil ich's will,
bevorzuge: *die Zeit steht still*

Luft

ENTKOMMEN

   vermögt ihr zu fliegen
         schwalbengleich
        Wind verwischt jede Spur
          aufwirbelnd den Sonnenstrahl
            der messergleich blendet
           sucht mich nicht
       Nacht schützt den Vogel
     Berg und Fluss nur
kennen den Weg

GLÜCK

Wolkenzug
Vogelzug
Spielfeld himmelblau
und Gott
würfelt

KOKON

ein Hauch auf dem Irisblau
wolkige Wesen
dir im Gefolge
atmen raschelnd
hüllen dich ein

verborgen im Nebelkleid
hinter den Schläfen
wartet dein Abgrund
Fährtenfälscher
locken ins Grau

kein Vogel ruft hörstdumich
in dieses Schweigen
Chronos hält inne
Horizonte
halten dich fest

WÄSCHELEINEN

geh zum Fenster, schau hinaus:
sie sind das Band von Haus zu Haus
- in Stücke teilen sie den Himmel
in Stücke teilen sie den Platz
wie Kondensstreifen ins Blaue
ein Gedankenstrich im Satz
ein bunter Wimpelgruß nach oben
ein Fahnenmeer in Richtung All und -
Vorsicht! in der andern Richtung
bremsen sie den freien Fall

HERBSTSTURM

Wenn andere gen Süden fliegen,
um der Kälte zu entfliehn,
darfst du mich beim Schopfe kriegen
und an meinen Haaren ziehn,

darfst mir um die Ohren sausen,
mir, die ich nicht feige bin,
darfst mich schütteln, beuteln, zausen
und mich schubsen her und hin -

die im Süden sich verschanzen,
ahnen nicht, wie schön das ist:
wenn die Welt beginnt zu tanzen,
und wenn du ihr Tänzer bist.

und

(beziehungsweise)

STADTABEND

Mondlicht auf der Sonnenuhr
blasse Stunden unvergangen
an den Kränen aufgehangen
schmutziggrau ein Rest vom Tag

Glockenschlag zerteilt die Zeit
und der Raum teilt sich in Gassen
und in Straßen, die die Massen
mit Leben füllen Schritt für Schritt

das alles fand ich, doch nicht: dich
hier, wo sich scheinbar alle gleichen
sich nah sind und doch nie erreichen
wo Liebe flüchtig ist wie: Licht

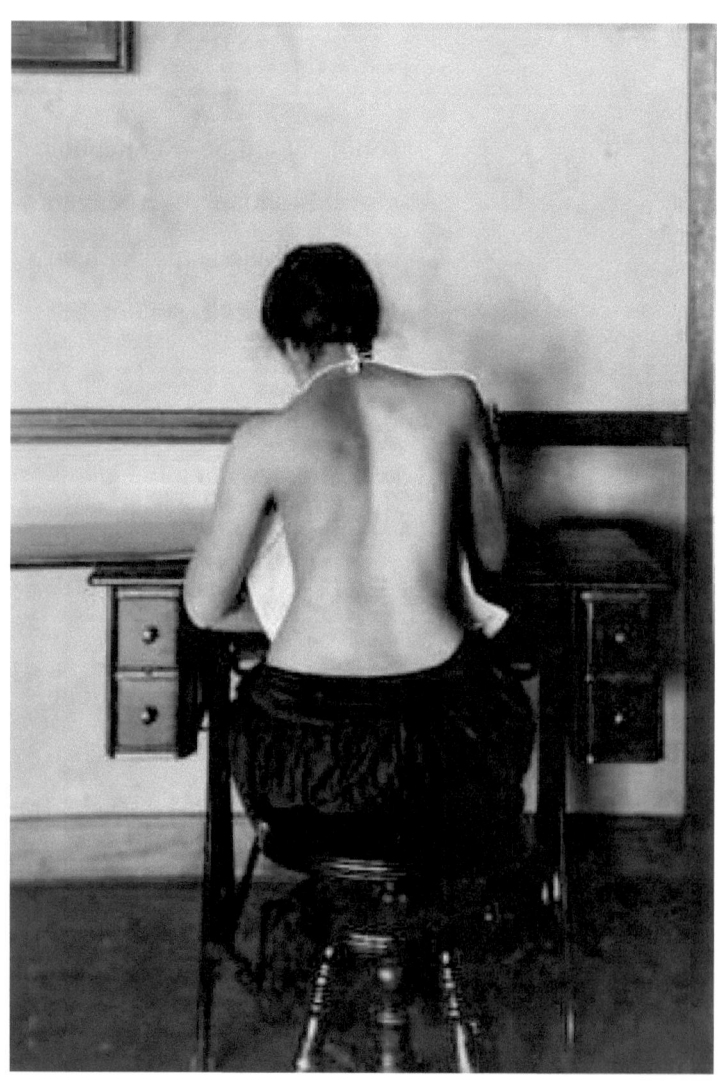

EINSAMKEIT

all diese Straße unbefahren:
als ob hier niemals Menschen waren,
bis auf die, die sie gebaut

all diese Menschen, die vergeblich hoffen
- sie lassen heimlich ihre Türen offen,
erwarten niemand, schweigen laut

mit ihren Gästen, die sie träumen,
während sie die Welt versäumen
hinter Eis, das niemals taut

EIN ENDE

Die Liebe kommt daherspaziert,
die Hände in den Taschen;
sie hat sich tüchtig aufpoliert
mit Hut, Frack und Gamaschen.

Sie schaut sich um: sie macht was her
und zwirbelt keck ihr Bärtchen;
en passant verteilt Malheur
sie und Visitenkärtchen.

Sie nickt zum Gruß, sie küsst die Hand,
verschenkt ihr Einstecktüchlein;
ihr Abschiedswort klingt neu, charmant:
und stammt doch nur aus Büchlein -

doch da: ein Windstoß, eine Bö
fegt ihr den Hut vom Schopfe,
und hinterdrein weht das Toupet
vom plötzlich kahlen Kopfe!

Ein Vogel, dem dies Ziel gefällt,
lässt etwas falln von oben:
blind wankt die Liebe fort und fällt
stracks in den Schweinekoben.

Sie kriecht heraus: nun ohne Frack,
Spazierstock, Schuh und Hose;
Hemdbrust, Fliege und Geschmack
sind fort; ein Zahn ist lose.

Als Bettler zieht sie jetzt durchs Land,
schläft unter kahlem Flieder;
sie ist sie selbst. Aber erkannt
wird sie nicht mehr. Nie wieder.

NARBEN

Baumrindenerinnerung

viele Namen
oberflächlich eingeritzt
oder wenige, aber tiefe
Kerben

Liebe zeichnet
oder
fällt

HERZ DAME

die Karten neu gemischt
doch es bleibt
dasselbe Blatt
ohne As
das Leben setzt keine
Belohnungen aus
Gewinn ist
Einsatz ist
Gewinn
und doch verloren
aber weiter spielen mit
dem Leben
und es setzt

aus

FUNDSACHE

ich hätte gern
mein Herz an dich verloren

dich reizte nicht
der Finderlohn

LIEBESERKLÄRUNG IM KONJUNKTIV

Gesetzt den Fall, du wärest nicht,
der du bist; und angenommen,
ich wäre dir nicht draufgekommen -
du stündest da in andrem Licht.

Es sei mal so dahingestellt,
du würdest doch zu etwas taugen:
Ich sähe dich mit andren Augen,
quasi geliefert wie bestellt...

und wär es nicht so kompliziert,
so bäte ich dich unverhohlen,
dass du mir bliebst! (Und zwar gestohlen.)
Oder, in Kürze formuliert:

Du stündest mir nahe,
lägst du mir nicht fern;
wenn du nicht du wärst:
ich hätte dich gern.

LEBENSMITTELSKANDAL

Schwein!

(sagt im Schrank

Salat zum Käse),

du riechst nach Wurst,

mein Herz!

NACHTZUG

schlafende Leiber
auf schwankenden Sitzen
Träume baumeln, lachen
im Gepäcknetz
und kennen sich beim Namen
die Träumer bleiben
einander fremd
und neigt einer doch
den Kopf zur anderen
dann ruht er nicht aus
an ihrer Schulter
und was er ihr flüstert ins Ohr
lässt die Träume verstummen:

könn'n Sie mich wecken
in Augsburg?

ERKALTETE LIEBE

"Keine war wie du so blässlich,
keine war wie du so hässlich;
doch nun - es ist bedauerlich! -
find ich dich nicht mehr schauerlich."

(Das alte Schlossgespenst sprach dies,
bevor es seine Frau verließ.)

VERGEBLICHES MACHTWORT

Die Seele schrie die Sehnsucht an:

"Du gehst mir auf die Nerven, Mann!
Ich brauche dich nicht, du kannst gehn!"

Die Sehnsucht grinste und blieb stehn.

MEDIUM

Der dicke Karpfen, der, allein,
sich sehnte nach dem Eh'ring,
beschrieb in einem Inserat
sich als schlanken Hering.

Der Hering selbst macht nicht viel her,
er wird leicht übersehen;
drum soll in *seinem* Inserat
"ein kräft'ger Karpfen" stehen.

(Es fällt das Lügen sträflich leicht,
der Schwindel find't Verbreitung
und Wahrheit wird *so* aufgeweicht
nur in der nassen Zeitung.)

VIELLEICHT

die Stadt bietet Möglichkeiten
    sich zu verlieren

das Meer weist dir viele Wege
    drin zu ertrinken

die Welt zeigt dir Horizonte
    nie zu erreichen

und vielleicht ein Paar Augen
    drin zu versinken

ATOLL

wir sind Inseln
getrennt durch den Ozean
sagst du

ich sage
nichts trennt uns
wir sind Gipfel ein und desselben
unterseeischen Berges

INNENWELT

sich einrichten in der Angst:
dicht zugezogen die Vorhänge der Vorsicht

die Kammern gut gefüllt mit Träumen,
sortiert und aufgelistet:
für jeden Tag einen Traum und nicht mehr

das muss reichen wie das Kerzenlicht
als Ersatz für die Sonne

die Zimmerdecke
anstelle des Himmels

das Spiegelbild
als Gegenüber

ES GIBT KEIN MEERESTIEFENSCHWARZ

Es gibt kein Meerestiefenschwarz -
sagt der, der in der Sonne steht.
Es gibt nicht Klippe, Abgrund, Fels -
sagt der, der nie gesprungen ist.

Es gibt nicht Schmerz in Ewigkeit -
sagt der, dem alles gleich vergeht.
Es gibt nicht Liebe bis zum Tod -
sagt der, der sie in Tagen misst.

Und steht er auch im vollen Licht,
dem Abgrund fern, dem Meeresschwarz,
der Klippe fern und Fels und Tod;
es folgt ihm bis ins Abendrot
sein Schatten und verlässt ihn nicht.

GLÜCK SCHREIBT KEINE GEDICHTE

Glück schreibt keine Gedichte
bleibt wortlos
beim Kuss

Unglück holzt Wälder ab
so viel Papier braucht es
für einen Gedanken

AUSGESPERRT

Ich bin ein kleiner Gauner nur,
das will ich nicht verhehlen;
ich kann, das ist meine Natur,
nichts anderes als Stehlen.

Ich arbeite in Nobelvillen,
knacke Banken und Tresore,
jedes Schloss ist mir zu Willen,
es öffnen Fenster sich und Tore;

dies Können ist ein Privileg,
mit meinen Schlüsseln hält nichts dicht!
Jedoch: Den exklusiven Weg
zu deinem Herzen fand ich nicht.

Feuer

EPITAPH

Granit

*

aus   dem   Feuer

*

der   Tiefe

*

von   Anbeginn

*

dazu   bestimmt

*

ihre   Namen

*

zu   tragen

DRAUSSEN

Lawinenopfer in
Häuserschluchten

steinerne Worte ihr Besitz
ihre einzige Waffe

außer:
der Jugend
den Fäusten
dem Stoff -

tier im Arm
am nächtlichen Feuer

FEUERWERK

es regnet Milchstraßen herab
ein Konzert aus Funken:
die Sterne steigen, halten still -
verglühn in Nacht ertrunken

Farben wie von Geisterhand
über das Schwarz gezogen
rot, blau grün auf einen Streich
ergießen sich im Bogen

gespenstisch leuchten Statuen
der Park ist voller Fratzen
sie schreien stumm, eh Dunkelheit
sie packt mit samtnen Tatzen

FUCHS

Lauffeuer
glühende Augen
im Scheinwerferlicht
in der Kälte der Nacht

in der Hitze des Tags
kupferrotes Kunstwerk
rotpelziger Widerschein
der Sonne

II. temporär

Zeit

PROBLEM

Ich möchte gern mit Kürze würzen
und schaff's doch nie, mich zu beeilen:
Zu vieles kann man überstürzen
in lediglich
vier Zeilen.

SONNTAGSGEDANKEN ZUM FREITAG (1999)

Das Jahrtausend endet mit einem Freitag.
(rund 52 Freitage pro Jahr,
also rund 52.000 Freitage in diesem Jahrtausend)

52.000 Mal Fisch und zwei Tage bis Sonntag
52.000 Mal Rückblick und keinerlei Vorsicht
52.000 Mal Weltgeschichte

Das Jahrtausend endet mit einem Freitag.
die nächsten 52.000 liegen vor uns

und nichts werden wir bessern

(PICASSO: Frau mit Uhr)

Taggesicht
Nachtgesicht
und das Wissen um die Zeit
die dich
noch auf dem Thron des Lebens
frisst

ZWIETRACHT

Dämmrung will die Flügel spreiten -
doch der Tag stellt ihr ein Bein;
und während sich die beiden streiten,
bricht über sie die Nacht herein.

(Abwegiges nach "Zwielicht" von J. v. Eichendorff)

NACHTWACHE

Zehn Uhr! Ihr schlaft? Ich will euch wecken!
Elf: Nun horcht! Ich stoß ins Horn!
Zwölf: Jetzt schlage ich das Becken!
Eins! Und nun noch mal von vorn!

Zwei! Was schert's mich, ob ihr findet
- *Drei!* - die Ruhe, die ihr sucht;
Vier!: seht zu, wie sie verschwindet,
Fünf! ihr seid mit mir verflucht:

Soll hier - *Sechs!* - die Nacht bewachen,
Sieben! - es gelingt mir nicht:
Ach(t)! Jetzt packt sie ihre Sachen,
löst sich auf im Tageslicht.

REDENSART

Es zogen einmal die Jahre
mit Hallo in die Städte ein:
sie trugen zum Jahrmarkt die Ware
(Zeit war's) in die Buden hinein.

Die Städter drohten: "Gesindel!",
mit erhobener Hand;
da schnürten die Jahre ihr Bündel
und zogen - ins Land.

BILANZ

Das Jahr liegt hinter mir - ich will es nicht beschreiben.
Das Jahr liegt hinter mir - da soll es liegen bleiben!

(1996)

RÜCKKEHR

wir werfen einen Schatten
für eine kurze Zeit
bis alles, was wir hatten
versinkt in Dunkelheit

STANDPUNKT

Die Welt verharrt in Subjektivität.
Wem kann ich trauen, meinen Augen? Dir?
Da bleibt ein jeder stehen, wo er steht.
In *seiner* Zeit. In *seinem* Jetzt und Hier.

ENDGÜLTIG

wann ist es
irgendwann ist es
zu spät
dann fällt
der Vorhang
die Tür ins Schloss
der letzte Satz
wann ist es
irgendwann ist es

jetzt

ABSCHIED

die Eberesche trennt sich vom Gefieder
in klammen Herbstlaubkleidern friert der Tag

der Himmel senkt die grauen Lider
und ein Schwarm Vögel ist sein Wimpernschlag

sie singen leiser werdend letzte Lieder
im Schatten steht nun leer die Bank im Park

wann sehn die Vögel, wann sehn wir uns wieder
- nie
- Frühling
- oder nächsten Donnerstag

LETZTER TAG

vorbei ist alles, was verband -
mit neuer Scheu reicht man die Hand
und fühlt die Leere in sich steigen

lasst uns noch gemeinsam schweigen

es heißt, die Zeit heilt alle Wunden
in diesen letzten Stunden
sind sie fast ganz vergessen

erst jetzt kannst du ermessen

was sich trennen heißt
und was uns letztlich eint -
wenn dieses Band zerreißt

vermisst du deinen Feind

EISSCHWAN

Winter: Lass die Stürme singen,
wirf an Fenster Blumenhauch,
breite deine Schwanenschwingen
schützend über Gras und Strauch;

schlag die Flügel auf und nieder,
lauf übers Wasser, frier 's zu Eis,
lass dein wirbelndes Gefieder
erdwärts schweben leuchtendweiß;

wenn der Frühling erste Hügel
mit Sonnenlicht nach langer Nacht
erklimmt, dann hebe deine Flügel
und gib frei, was du bewacht.

WIEDERKEHR

Vogelstimmen stumm, vergessen
Herbstnachtgarten dunkelbunt
Blatt und Krone schlafen - alle
warten träumend auf den Tag

regen sich nicht, weiß verzaubert -
blutrot scheint der Winterstern
doch in schwarzes Eis tropft wieder
Frühlingsschimmer wundersam

Sonne macht die Quelle fließen
Wurzeln kennen ihren Weg
falsch und lustig singt ein Morgen
sommerblau mag er ein Du

FABRIK

Kopfsteinpflaster ohne Schritte
ein paar Gräser hochgewachsen
augenlose Fenster
mit Birkengrünsims
im Backstein wurzelt
Sirenenklang
Schornstein beugt sich
der Schwerkraft
das Tor empfängt
ein paar Raben
ohne Stechuhr
picken sie
nach den Butterbroten
die niemand verliert

OHNE ANTWORT

als Junge sprang er
über Gleise und
warf Steine auf Züge
ohne Fenster, doch
mit Stimmen darin
die fragten: *wohin*

als Greis hinkt er nun
die Gleise entlang und
im Schatten der Züge
erschreckt ihn der Fremde
mit den suchenden Augen
und der Frage: *wohin*

DENKMAL

in Kolonnen stehen sie
steingrau, staubig
gemeißelte Schlacht- Ordnung
in Reih und Glied
die Heere der
GEFALLENEN und VERMISSTEN
deren Namen man liest
bis zur Ununterscheidbarkeit
und in der Scham darüber
beim sich Abwenden noch
der nur vielleicht
törichte Gedanke:
dass der ein oder andere
Einer nur!
der VERMISSTEN es geschafft hat -
nur: nie mehr zurückzukehren
doch in der Fremde weiterzugehen
ohne zu fallen
als Mensch

und

(Ver-Bindungen)

IGNORANT

In einem Turm aus Elfenbein
sitze ich und dichte.
Und wenn die unten: "Hunger!" schrei'n,
macht's keinen Vers zunichte.

Ja, beißen sie ins Fundament,
kann mich das nicht erschüttern:
"Von mir aus nährt euch von Zement
und lasst den Turm erzittern!"

Stock- um Stockwerk fressen sie
tatsächlich, immer schneller -
doch mich beunruhigt sowas nie:
Jetzt dichte ich im Keller.

ZAPPING

(ein Mensch, der kauft)
ein Mensch, der wirbt
ein Mensch, der schießt
ein Mensch, der stirbt

ein Mensch, der liebt
ein Mensch, der hasst
ein dritter, der
den Zug verpasst

ein Mensch, der talkt
und moderiert
ein Mensch, der boxt
und transpiriert

ein Mensch der
<u>spielt</u>, er sei verrückt
*(und einer, der
die Knöpfe drückt)*

READING

reading
feeding monsters of the mind
confronting consciousness
selling souls for sentences
living in lies, friendly lies
of similar thoughts
keeping pain between pages
like drying leaves
following lines in books and faces
reading: minds

UNTER GLEICHEN

unzählige Welten
einander durchdringen
einander begegnen
einander bedingen

Gemeinschaft erlernen
im steten sich Trennen
und erst beim Entfernen
die Schätze erkennen

die man uns schenkte
wie auch wir gaben
im gleichen Moment wie
unzählige Narben

DANZIG, MARIENKIRCHE (2012)

Nachkommen der Überlebenden
füllen die Bänke

auf den freien Plätzen
unsichtbar
die Verlorenen
die nie Geborenen

eine alte Frau geht
wie viele Schritte noch

im Kinderwagen liegt
spielzeugberuhigt die Zukunft

aus den Mauern selbst
strömt Musik

und die Predigt hallt wider
von den alten

und den neu gesetzten Steinen
polnisches Glaubensbekenntnis

die Zukunft im Gang vor uns
lacht vor Vergnügen:
wir haben kein Wort verstanden
und doch
jedes

MANGEL

Zum Narren, der
auf Bäumen wohnt,
schaut niemand auf:
es ziemt sich nicht.

Der näher an
den Sternen thront
und sich befreit,
fühlt jäh: Verzicht.

MANAGER

im Unendlichen: das

All, eine

Galaxie, ein

Planet, ein

Kontinent, ein

Land, eine

Stadt, ein

Mensch über ein

paar anderen:

Was für ein Riese!

MATHEMATIK

Näherungswerte
beim Rechnen mit
Unbekannten -
der andere Mensch bleibt stets:
Vermutung

PUZZLE

Mach dir ein Bild von mir:
keins wird mir gerecht.
Mal Originale:
keines ist echt.

Sieh hin: Ich bin viele
und dennoch nur eins;
ein Zerrbild im Spiegel
ewigen Seins.

ZEICHEN

Geheimschrift im Schnee
verstreute Botschaften
von Krallen, Pfoten und Füßen
alle erzählen Geschichten
alle trösten
sagen wortlos:
auch wir

artist

erschöpft von der niederlage
erneuter sieg
über dich selbst
in steter wiederholung
den eigenen willen brechen
für brot

ZIRKUS

Direktor ist ein feiner Herr;
Vater sitzt mit Sohn Parterre.
Man tanzt auf Seilen - ach, auf Fäden!
Vorne hört man einen reden:
"Glaub es oder nicht, mein Sohn:
dein Vater kann dies lange schon!"
Durchs Publikum geht bald ein Raunen;
der Dompteur lässt alle staunen,
hält ohneZagen ruhig sein Haupt
ins Maul des Löwen! Vater schnaubt:
"Der Bursche da ist wirklich faul!
Ich stak dem Löwen *ganz* im Maul!
Diese Memmen, wenn die wüssten!"
Im Anschluss kommen die Artisten,
werfen Dolche und jonglieren,
springen in ein Fass zu vieren,
speien Feuer, schlucken Messer -
"Pah! Dein Vater kann das besser!"

Söhnchen ist vor Ehrfurcht still.
Mag Vater reden, was er will,
eins glaubt man ihm auf allen Rängen:
Ja, die *Clowns* schlägt er um Längen!

HERZSTÜCK

Kennst du die Seele der Berliner?
Nicht? Das ist aber schade!
Ihr Innerstes ist ganz und gar
aus feinster Marmelade.

Raum

NEUBAUSIEDLUNG

im Reißbrettfrühling
Familienfassaden
sessHaft mit Setzrissen
und Rollrasen
und Plastik, aber
keine Kunst
namenlose Morgenstraße
noch ohne Maulwürfe
und Mäuse
auf der Bank
eine schlafende Katze

butterflies of night

on the meadow of day - stars:

uncovered blossoms

```
        R
        E
SCHRE I BEN
        S
        E
        N
```

im Zeichen der Windrose
tritt vor die Tür
über die Schwelle des Selbst
und schau -
kaum weißt du noch,
als dein eigener Traum,
wo du bist:
in der Ferne
das innere Auge das Selbst erfindend
am Schreibtisch,
oder daheim
auf Papier bloß erkundend
die Welt

ÜBER FREMDEN TAGEBÜCHERN

so banal Thomas Manns Haarwasser
und Samuel Pepys' Frauengeschichten

aufgelesenes Glück jedoch
Reisen mit Melville:

mit ihm durch ägyptische Ruinen
mit ihm durch steinige Wüsten
mit ihm Staunen und Ehrfurcht

und, wieder allein,
Bedauern: noch ungelesen
die Geschichte vom Wal

ZEILE FÜR ZEILE

Zeile für Zeile
untereinander
schreiben sie
Gedichte?, hoffst du
und schaust
aufs Papier, auf

Einkaufszettel
Rechnungsbücher
Todeslisten

PARALLELWELT

du siehst einen Freund
auf dem Weg in den Abgrund
du willst ihn zurückholen
doch dann siehst du:
er tanzt

Lokal lokal

der Deutsche
heißt es
ist Dichter und Denker
(oder war)

der Deutsche
heißt es
ist humorlos und trocken
(wahr, oder)

auf Europas
Feinkostplatte
ist er
das Esspapier

POLARNACHTMELODIE

Der Abschied naht; es ist fast still geworden.
Ein letzter Mond verglüht am Firmament.
Dein Herz hängt an verklungenen Akkorden,
die sonst noch keine Menschenseele kennt.

Die Musiker in eleganten Fräcken
verlassen Mann für Mann das Podium;
sie springen in das eisgekühlte Becken
und frieren nicht. Jedoch das Publikum.

Die letzten greifen noch zum Bogen!
Einmal noch will ihr Stück fast überborden -
doch bald hat es die Kälte aufgesogen.
Jetzt ist es Nacht. Und es ist still geworden.

ANDERSWO

Du bist versunken in dein Buch.
Was kümmert dich die Welt,
die draußen nach dir fordert, schreit,
die Päckchen dir und Briefe sendet?

Du bist dort, wo Raum nicht endet,
wo dein Licht in eine Zeit
fern von Jetzt und Heute fällt:
Du bleibst versunken in dein Buch.